KÜÇÜK ŞEFLER

Yazan: ELİF ÇİFTÇİ YILMAZ

Resimleyen: EDA ERTEKİN TOKSÖZ

FLOKİ
Çocuk

2

Melis su içmek için mutfağa gitti. Tezgâhta üç kasa domatesle bir kasa biber vardı. Bu kadar domatesi ne yapacaklardı?

O sırada zil çaldı. Ege üzerinde mutfak önlüğü, başında aşçı şapkasıyla kapıda bekliyordu. Melis merakla sordu: "Neden böyle giyindin?"

Ege, "Çok işimiz var, bahçeye gel!" dedi.

Bahçede anneleri kasa kasa çilek yıkıyordu. Melis hayretle annesine sordu: "Bu kadar domatesi ve çileği ne yapacağız?"

Annesi gülümseyerek cevap verdi: "Kışa hazırlık yapacağız."

Ege, elindeki önlükle şapkayı Melis'e uzatarak "Haydi hazırlan!" dedi. Melis heyecanla şapkasıyla önlüğünü giydi. İki arkadaş küçük birer şef olmuştu.

Ege'nin annesi, "Evet küçük şefler, hazırsanız önce menemen yapacağız." dedi.

5

Anneleri doğranan domateslerle biberleri pişirmeye başladı. İki arkadaş da menemen için kavanozları hazırladı. Pişen menemen kavanozlara dolduruldu. Kapakları da sıkıca kapatıldı. İşte, menemenler kış için hazırdı!

Sıra reçel yapımına gelmişti. Melis ile Ege, yıkanmış çileklerden gizlice biraz yediler. Melis'in annesi çilekleri şekerle kaynatıp kavanozlara doldurdu. Çilek reçeli de hazırdı.

Ahmet Dede, "Turşusuz olur mu hiç!" diyerek bir kasa salatalıkla yanlarına geldi. Salatalıkları yıkayıp şişelere doldurdular. Üstüne de su, sirke, tuz ve sarımsak eklediler. Turşular da kış için hazırdı.

Bugün, Ege ile Melis çok eğlenmişti. Ege, "Birlikte ne kadar çok iş yaptık!" dedi sevinçle.

Melis'in annesi, "Çocuklar, yardımlarınız için çok teşekkür ederiz." dedi.

Melis, annesine sordu: "Neden kış için bu kadar hazırlık yaptık ki?"

Annesi, "Çünkü bazı meyve ve sebzeler yazın bolca yetişir. Mevsiminde yetişen domatesten salça ve menemen, meyvelerden de reçel yaparız." dedi.

Melis ile Ege zıplayarak "Ve kışın afiyetle yeriz!" dediler.

Melis babasına, "Bugün menemen, reçel ve turşu yaptık. Çok yorulduk ama birlikte yapınca işimiz çabucak bitti." dedi.

Babası, "Yardımlaşmak güzel şey Melisçiğim." dedi.

Melis, "Babacığım, sen de sofrayı kurmamıza yardım eder misin peki?" diye sorunca babası gülerek "Bana da sofra kurmak düştü desene." dedi.

İki aile bahçede buluştu. Hep birlikte güzel bir sofra hazırladılar. Sonra da afiyetle yemeklerini yediler.

Ahmet Dede, "Haydi küçük şefler, bir fotoğrafınızı çekeyim." dedi. İki minik şef rengârenk kavanozlarla fotoğraf çektirdiler. Ege ile Melis, bu güzel hatırayı da fotoğraf günlüklerine yapıştırdılar.

İki arkadaş başladılar şarkı söylemeye.

Haydi, onlar ile birlikte sen de söyle!

yardımLaşmak

Annem yemek yaparken,

Düzenlerim ben odamı,

Babam sofra kurarken,

Getiririm tabakları.

İşler ne çok bak,

Zor tek başına yapmak,

Hepsi bitti bir anda,

Ne güzel yardımlaşmak.